essentials

essentials liefern aktuelles Wissen in konzentrierter Form. Die Essenz dessen, worauf es als „State-of-the-Art" in der gegenwärtigen Fachdiskussion oder in der Praxis ankommt. *essentials* informieren schnell, unkompliziert und verständlich

- als Einführung in ein aktuelles Thema aus Ihrem Fachgebiet
- als Einstieg in ein für Sie noch unbekanntes Themenfeld
- als Einblick, um zum Thema mitreden zu können

Die Bücher in elektronischer und gedruckter Form bringen das Expertenwissen von Springer-Fachautoren kompakt zur Darstellung. Sie sind besonders für die Nutzung als eBook auf Tablet-PCs, eBook-Readern und Smartphones geeignet. *essentials:* Wissensbausteine aus den Wirtschafts-, Sozial- und Geisteswissenschaften, aus Technik und Naturwissenschaften sowie aus Medizin, Psychologie und Gesundheitsberufen. Von renommierten Autoren aller Springer-Verlagsmarken.

Weitere Bände in der Reihe http://www.springer.com/series/13088

Julia Sophia Habbe

Frauen und Verhandlungserfolg

Eine Einführung in Female Negotiation Strategies

Julia Sophia Habbe
Noerr LLP, Frankfurt am Main
Hessen, Deutschland

ISSN 2197-6708   ISSN 2197-6716   (electronic)
essentials
ISBN 978-3-658-24406-4   ISBN 978-3-658-24407-1   (eBook)
https://doi.org/10.1007/978-3-658-24407-1

Die Deutsche Nationalbibliothek verzeichnet diese Publikation in der Deutschen Nationalbibliografie; detaillierte bibliografische Daten sind im Internet über http://dnb.d-nb.de abrufbar.

Springer Gabler ist ein Imprint der eingetragenen Gesellschaft Springer Fachmedien Wiesbaden GmbH und ist ein Teil von Springer Nature
Die Anschrift der Gesellschaft ist: Abraham-Lincoln-Str. 46, 65189 Wiesbaden, Germany

Was Sie in diesem *essential* finden können

- Warum es einen Unterschied macht, ob eine Frau oder ein Mann eine Verhandlung führt
- Wie Frauen nach der aktuellen Verhandlungsforschung erfolgreich verhandeln können
- Konkrete Handlungsempfehlungen für Ihre Verhandlungsführung sowie Aufgaben zur praktischen Umsetzung im Alltag

Danksagung

Mein besonderer Dank gilt meinem Ehemann, der mich stets ermutigt hat, genderspezifische Verhandlungsführung auch in Deutschland einem breiteren Publikum zugänglich zu machen. Ohne seine Unterstützung gäbe es das vorliegende *essential* nicht.

Einleitung

Noch immer erleben Frauen, dass sie in einer überwiegend männlich geprägten Berufswelt nicht vorankommen. Diese Erfahrung machen mitunter auch Frauen, die auf den ersten Blick besonders „tough" wirken und sich sprichwörtlich nicht „die Butter vom Brot nehmen lassen" – also Frauen, die mit denselben Waffen zu kämpfen scheinen wie ihre männlichen Mitstreiter.

In der Wahrnehmung und Bewertung von Verhaltensweisen anderer macht es aber einen Unterschied, ob eine Frau oder ein Mann etwas tut. Wofür Männer bejubelt werden, ernten Frauen mitunter Ablehnung und Kritik (und umgekehrt?). Das gilt auch und gerade für die Art und Weise, in der eine Frau oder ein Mann eine Verhandlung führen. „Dabei handelt es sich doch um veraltete Klischees!" werden Sie jetzt vielleicht denken. Tatsächlich ist dieser Unterschied jedoch wissenschaftlich belegt. So beschäftigen sich Wissenschaftlerinnen[1], vornehmlich in den USA, seit den 90er Jahren mit der geschlechtsspezifischen Verhandlungsforschung (für einen Überblick über die bisherige Forschung vgl. Kupfer Schneider 2017). Hierunter versteht man die Frage, welche Verhaltensmuster sich für Frauen positiv auf ihr Verhandlungsergebnis auswirken können. Unterricht zu spezifischer Verhandlungsführung für Frauen findet zunehmend Eingang in die Ausbildungsordnungen renommierter US-amerikanischer Universitäten. Zumindest in Deutschland stecken Forschung und Lehre zu genderspezifischen Verhandlungstechniken indes noch in ihren „Kinderschuhen". Dabei liegt es nicht nur im akademischen Interesse aufzuholen und an das US-amerikanische Niveau anzuschließen. Vielmehr wird die Verhandlungsforschung auch und gerade für die

---

[1]Vor dem Hintergrund des Themas dieses *essential* wird nachfolgend ausschließlich die weibliche Form verwendet.

Praxis relevant sein – nämlich für jede Frau, die sich in einer – beruflichen oder privaten – Verhandlungssituation sieht. Vor diesem Hintergrund möchte ich Ihnen als Einstieg bewusst machen, dass Sie nicht nur in bestimmten Berufen oder aus besonderen Anlässen heraus verhandeln müssen, sondern in Ihrem Alltag praktisch permanent in Verhandlungssituationen geraten (siehe hierzu unter Kap. 1). Gerade Frauen tun sich jedoch schwer damit, diese Situationen bewusst für ihren eigenen Vorteil und Erfolg zu nutzen (siehe hierzu unter Kap. 2). Das vorliegende *essential* richtet sich damit in erster Linie an Sie als Frau, die reflektiert in Verhandlungssituationen agiert. So werde ich Ihnen in dem Kapitel „Weibliche Verhandlungsstrategien" (siehe hierzu unter Kap. 3) jeweils eine Studie vorstellen, die sich mit genderspezifischer Verhandlungsführung beschäftigt. Sie werden zuvor anhand von Fragen, die ich Ihnen stelle, die Gelegenheit haben, sich Ihrer eigenen Verhaltensweisen in dem jeweiligen Kontext bewusst zu werden. Abschließend werden Sie Handlungsempfehlungen sowie konkrete Aufgaben vorfinden, mit denen Sie die wissenschaftlichen Erkenntnisse in die Praxis umsetzen und damit in Ihrem Alltag nutzen können. Ich wünsche Ihnen viel Erfolg – und vor allem viel Freude beim Lesen und Verhandeln!

Inhaltsverzeichnis

1 Zur Omnipräsenz von Verhandlungen 1

2 Das Dilemma von Frauen in Verhandlungen 3

3 Weibliche Verhandlungsstrategien 7
   3.1 Zeigen Sie Ihren sozialen Status 7
   3.2 Stellen Sie sich vor, Sie würden für einen Dritten
       verhandeln 9
   3.3 Vermeiden Sie Wutausbrüche 12
   3.4 Verhandeln Sie mit „weiblichem Charme" 15
   3.5 Knüpfen Sie an ein bereits erlebtes Machtgefühl an 18

Literatur 23

Über die Autorin

Dr. Julia Sophia Habbe ist spezialisiert auf Konfliktlösung, Prozessführung sowie interne Untersuchungen. Bevor sie zu Noerr LLP wechselte, war sie sieben Jahren im Frankfurter Büro von Freshfields Bruckhaus Deringer LLP in den Bereichen Konfliktlösung und Core Corporate tätig. Der Schwerpunkt ihrer Beratungspraxis liegt auf zivil- und gesellschaftsrechtlichen Streitigkeiten, einschließlich Organhaftung. Zudem verfügt Julia Sophia Habbe über reiche Erfahrung bei internen Untersuchungen im gesellschaftsrechtlichen und regulatorischen Bereich. Im Jahr 2014 absolvierte sie Secondments in der Rechts- und Compliance-Abteilung sowie dem Litigation & Regulatory Enforcement Team von zwei führenden internationalen Banken in Frankfurt am Main.

Julia Sophia Habbe ist seit dem Sommersemester 2016 Lehrbeauftragte der Johann Wolfgang Goethe-Universität im Bereich genderspezifische Verhandlungsführung. Sie ist Autorin und Co-Autorin zahlreicher Aufsätze zu gesellschafts- und zivilprozessualen Fragestellungen.

Referenzen

- Deutsche Börse: Beratung des Aufsichtsrats
- Commerzbank: Beratung des Aufsichtsrats; Untersuchung der Verantwortlichkeit des Vorstands für Strafzahlungen in den USA
- DAX 30 Konzerne, u. a. Deutsche Bahn: Diverse interne Untersuchungen
- Capricorn Nürburgring: Gerichtliche Vertretung gegen eine Veranstaltungsagentur wegen erhobener Ansprüche aus einer Festivalkooperation
- Initiatoren geschlossener Fonds: Gerichtliche Vertretung und Führen von Vergleichsverhandlungen im Zusammenhang mit Klagen von Investoren; Betreuung von insgesamt über 120 Verfahren; Vorbereitung und Unterstützung bei der Durchführung streitiger Gesellschafterversammlungen

https://www.noerr.com/de/persoenlichkeiten/habbe-julia-sophia.aspx

Zur Omnipräsenz von Verhandlungen 1

„Ob sie wollen oder nicht: Immer wieder müssen Sie verhandeln." So beginnt der Klassiker „Getting to Yes" von *Roger Fisher* und *William Ury* aus dem Jahr 1981 (vgl. Fisher und Ury 2013). Keiner von uns – so die Aussage der Autoren – kommt im Alltag daran vorbei, Verhandlungen zu führen. Um einen Mehrwert für alle am Verhandlungsprozess Beteiligten zu schaffen, entwickelten sie daher das sogenannte *Harvard-Konzept.* Als Alternative zu einer kompetitiven Verhandlungsweise, in die viele Menschen typischerweise verfallen („Feilschen" oder Anwendung der, „Salami-Taktik", d. h. Unterbreitung nur sukzessiver, minimaler Zugeständnisse), wird dem Leser eine kooperative Verhandlungstechnik näher gebracht. Dabei geht es im Kern darum, die persönliche und sachliche Ebene während Verhandlungen zu erkennen und zu trennen. Anstatt stur bei gegensätzlichen Positionen zu verharren (zum Beispiel durch „Take-it-or-Leave-it"-Angebote), kann mit einer sachbezogenen Argumentation der Fokus auf gemeinsame Interessen gelenkt werden, um so zunächst einen möglichen Einigungsrahmen zu definieren (so genannte *„Zone of Possible Agreement",* ZOPA). So kann letztlich eine zufriedenstellende Lösung gefunden werden, die für beide Seiten jedenfalls besser ist als eine Alternative ohne Verhandlung. Diese Technik vermindert gleichzeitig zu große persönliche Zugeständnisse, die zwar zu einer kurzfristigen Einigung führen mögen, aber möglicherweise vielversprechende Beziehungen dauerhaft schädigen können (vgl. für weiterführende Literatur zu Verhandlungstechniken auch Jung und Krebs 2016).

„Ich komme im Alltag ganz gut ohne Verhandlungen zurecht! Und eine besondere Verhandlungstechnik brauche ich auch nicht!" denken Sie vielleicht, weil Sie einen Beruf ausüben, in dem Sie vermeintlich wenigen Konfliktszenarien begegnen und sich auch im privaten Umfeld von Auseinandersetzungen fernzuhalten versuchen.

© Springer Fachmedien Wiesbaden GmbH, ein Teil von Springer Nature 2019 1
J. S. Habbe, *Frauen und Verhandlungserfolg,* essentials,
https://doi.org/10.1007/978-3-658-24407-1_1

Aber auch Sie können von der Idee des *Harvard-Konzepts* profitieren! Zwar mag es Berufsgruppen geben, bei denen Verhandeln gleichsam zum Aufgabengebiet dazugehört und andere, bei denen dies nicht der Fall ist. So verhandeln Rechtsanwälte regelmäßig im Interesse ihrer Mandanten. Ärzte hingegen sehen sich eher weniger einer Verhandlungssituation ausgesetzt, wenn sie der Tätigkeit nachgehen, die eigentlich ihren Beruf ausmacht. Aber auch Ärzte behandeln nicht nur Patienten und werden nicht ohne Verhandeln auskommen, wenn sie ihren Beruf erfolgreich ausüben wollen. Angestellte Ärzte müssen beispielsweise Verhandlungen um ihre Position, um die ihnen übertragenen Aufgaben oder Gehaltsverhandlungen führen. Selbstständige Ärzte wiederum müssen mit den Praxisangestellten vergleichbare Themen einer Einigung zuführen. Im beruflichen Kontext spielen Verhandlungen in jedem Beruf eine Rolle. Die Bedeutung, die dem Verhandeln zukommt, mag größer oder kleiner sein, sie ist aber in keinem Beruf gar nicht vorhanden.

Gleiches gilt für das private Umfeld. Auch hier werden Sie sich Verhandlungen nicht erfolgreich vollständig entziehen können. Wie lange darf Ihr Kind aufbleiben? Und wie viel Schokolade gibt es vor dem Mittagessen? Mit Ihrem Lebenspartner gibt es unter Umständen einen Disput über die gemeinsame Freizeitgestaltung – Kino oder Oper? Sushi oder Pizza?

Der Alltag eines jeden Menschen besteht aus vielfältigen Verhandlungssituationen. Es gibt keinen Menschen, der dem vollständig ausweichen kann. Aus diesem Grund ist die Fähigkeit, Verhandlungen erfolgreich zu führen, etwas, das sich zu erlernen lohnt.

Das Dilemma von Frauen in Verhandlungen

2

Vielleicht haben Sie Verhandeln bislang noch nicht als eine Fähigkeit betrachtet, die sich erlernen lässt – wie Fahrrad- oder Autofahren. *„Zwar gibt es auch Verhandlungssituationen in meinem Leben. Diesen versuche ich aber aus dem Weg zu gehen, weil ich nicht der konfrontative Typ und kein guter Verhandler bin. Ich lasse meistens die anderen „gewinnen", damit es keinen unschönen Streit gibt. Je schneller eine konfrontative Situation vorbei ist, desto besser. Das Ergebnis ist für mich dabei eher Nebensache."* Erkennen Sie sich in dieser Aussage wieder? Ist das Ihre „Strategie" in Sachen Verhandeln? Dann sind Sie mit dieser Einstellung in guter Gesellschaft. Denn es gibt tatsächlich viele Frauen, die so empfinden. Grundsätzlich, so eine Erkenntnis der genderspezifischen Verhandlungsforschung, tendieren Frauen eher als Männer dazu, sich Verhandlungssituationen nicht zu stellen.

Warum ist das so?
Hierfür gibt es zwei miteinander zusammenhängende Begründungsansätze. Zunächst macht es einen Unterschied, ob eine Frau oder ein Mann verhandelt. Diesen Unterschied nehmen Frauen durchaus wahr. Zudem haben Frauen die Befürchtung, nicht dem gesellschaftlichen Rollenbild zu entsprechen und auf Ablehnung oder andere negative Gegenreaktionen ihres Verhandlungspartners zu stoßen, wenn sie forsch in eigener Sache auftreten. Aus dieser Angst heraus machen sie sich lieber nicht für sich selbst stark (sogenannter *Backlash-Effekt*).

Die Bedeutung des Geschlechts in Verhandlungen
Die aktuelle Verhandlungsforschung geht davon aus, dass Frauen und Männer unterschiedlich verhandeln. Das zeigt sich nicht nur am Verhandlungsstil selbst, sondern sowohl vor einer möglichen Verhandlung, nämlich bei der Frage, ob es

© Springer Fachmedien Wiesbaden GmbH, ein Teil von Springer Nature 2019
J. S. Habbe, *Frauen und Verhandlungserfolg,* essentials,
https://doi.org/10.1007/978-3-658-24407-1_2

überhaupt zu einer Auseinandersetzung kommt, als auch nach einer möglichen Verhandlung, nämlich bei der Frage, wie das eigene Verhandlungsergebnis wahrgenommen wird. So initiieren Frauen seltener Verhandlungen und neigen dazu, sich mit schlechteren Verhandlungsergebnissen zufrieden zu geben als Männer.

Dies zeigt sich laut einer Studie der Autoren *Bowles, Babcock* und *Lai* der Harvard University und der Carnegie Mellon University aus dem Jahr 2007 zum Beispiel bei Verhandlungen um Vergütung oder Beförderung, in die Frauen seltener überhaupt eintreten und außerdem während der Verhandlung im Vergleich zu Männern aus Furcht vor negativen Reaktionen und Nervosität schneller Zugeständnisse machen. Dabei bestehen nach der bisherigen Forschung keine Unterschiede im „Wesen" von Männern und Frauen, die erklären könnten, dass Männer durchschnittlich bessere Verhandlungsergebnisse erzielen als Frauen (vgl. Riley Bowles et al. 2007).

Der durchschnittlich bessere Verhandlungserfolg von Männern im Vergleich zu Frauen hat den folgenden Hintergrund:

Frauen machen sich vor allem deswegen lieber nicht in eigener Sache stark, um nicht dem noch immer vorherrschenden gesellschaftlichen Rollenbild zu widersprechen und dadurch auf negative Gegenreaktionen ihrer Umwelt, beispielsweise in Form von Sympathieverlust, zu stoßen.

Nach diesem Rollenbild sind Frauen fürsorglich und kümmern sich eher um andere – zum Beispiel um die eigene Familie – als um ihr eigenes Fortkommen. Von einem Mann hingegen wird erwartet, dass er „seinen Mann steht", dass er erfolgreich eine Familie ernähren und sich dementsprechend in Konfliktsituationen durchsetzen kann. Zwar mag dieses Rollenverständnis einen in den letzten Jahren gesellschaftspolitisch gewollten Wandel vollziehen. Eine wachsende Anzahl an Frauen bekleidet Führungspositionen, immer mehr Männer kümmern sich auch um die Familie. Tatsächlich haben sich die gesellschaftlichen Erwartungen an die Geschlechter aber wohl (noch?) nicht einander angeglichen.

Gesellschaftlichen Erwartungen wollen gerade Frauen gerecht werden, die grundsätzlich über ein ausgeprägtes Harmoniebedürfnis verfügen. *„Die ist aber nicht nett!"* oder *„Die denkt nur an sich!"* – das sind Aussagen, die die meisten Frauen nicht ignorieren können und von denen sie nicht wollen, dass sie über sie gesagt bzw. gedacht werden. Die Angst, von der Umwelt nicht gemocht zu werden, steht dann nicht nur bei der Lebensplanung und -führung, sondern auch beim Verhandeln einer Ausrichtung an den eigenen Zielen entgegen. So verhandeln Frauen – wie die Autorin *Gallagher* der psychologischen Fakultät der DePaul University in Chicago jüngst gezeigt hat – beispielsweise forscher, wenn es unwahrscheinlich erscheint, dass sie einen Sympathieverlust erleiden, weil das Umfeld, in dem sie verhandeln müssen, anonym bleibt (zum Beispiel bei Verhandlungen online) oder weil dieses Umfeld von ihnen als besonders frauenfreundlich wahrgenommen wird (vgl. Gallagher 2018).

Und die Angst vieler Frauen, bei forschem Auftreten einen Sympathieverlust ihres Gegenübers zu erleiden, ist durchaus begründet: Erfolgreiche Frauen werden von der Umwelt als übermäßig aggressiv, egoistisch und als jemand wahrgenommen, mit dem man nicht zusammen arbeiten möchte. Männer in vergleichbarer Position erscheinen hingegen sympathisch und teamfähig. Das ist das Ergebnis einer Studie der Autoren *Flynn* und *Anderson* an der Columbia Business School aus dem Jahr 2003, bei der sowohl männliche als auch weibliche Teilnehmer eine Person anhand ihres Lebenslaufs bewerten sollten (vgl. Anderson und Flynn 2003). Die Person wurde als sehr erfolgreich und offen beschrieben. Eine Hälfte der Teilnehmer las den (real existierenden) Lebenslauf von Heidi, während die andere Hälfte der Teilnehmer einen identischen Lebenslauf las. Bei diesem war jedoch der Name „Heidi" durch „Howard" ersetzt worden. Howard konnten sich die Studienteilnehmer durchaus als Kollegen vorstellen, während um Heidi lieber ein großen Bogen gemacht wurde. Die Teilnehmer gaben als Grund unter anderem an, dass sie Heidi weniger bescheiden, „machthungriger" und selbstsüchtiger wahrnahmen als Howard.

In der Folge passen Frauen ihren Verhandlungsstil an das weibliche Rollenbild aus Furcht vor Gegenreaktionen ihres Verhandlungspartners an. Erkennen Sie sich darin wieder? Ist es Ihnen auch wichtig, dass andere Sie nicht für „zu forsch" oder „nicht nett" halten? Legen Sie besonderen Wert darauf, dass die Stimmung Ihres Verhandlungspartners nicht „kippt" und sich gegen Sie richtet? Sind auch Sie häufig Opfer des *Backlash-Effekts?*

Dann wird es Zeit, dass Sie sich eine „wirkliche" Strategie aneignen, die es Ihnen ermöglicht, in Verhandlungen nicht den Verhandlungsstil Ihres männlichen Gegenüber zu kopieren, sondern auf Ihre eigene Art und Weise erfolgreich zu sein – eine weibliche Verhandlungsstrategie.

3.1 Zeigen Sie Ihren sozialen Status

Fragen an die Leserin

- Was haben Sie bislang in Ihrem Leben erreicht, worauf Sie stolz sind?
- Wer außer Ihnen weiß, dass Sie diese Auszeichnung besitzen? Woher weiß derjenige von der Auszeichnung?
- Wie häufig erwähnen Sie diese Auszeichnung gegenüber anderen und in welchen Kontexten? Wie fühlen Sie sich dabei?
- Kennen Sie andere Personen, auch Männer, die ebenfalls diese Auszeichnung besitzen? Wie häufig erwähnen diese Personen ihre Auszeichnung gegenüber anderen und in welchen Kontexten? Was denken und empfinden Sie, wenn diese anderen Personen von ihrer Auszeichnung sprechen, die Sie auch besitzen?

Die Thematik Wenn Sie einen Mann in Berufskleidung in einem Krankenhaus sehen: Denken Sie, dass es sich dabei um den Arzt handelt oder um den Pfleger? Wenn Sie mit einer Rechtsanwaltskanzlei telefonieren und eine männliche Stimme sich meldet: Haben Sie den Rechtsanwalt oder den Assistenten des Rechtsanwalts am Apparat?

Noch immer ist die Annahme verbreitet, dass Männer häufiger Berufen nachgehen, denen ein hoher sozialer Status zuerkannt wird, als Frauen dies tun. Nach der gesellschaftlichen Erwartung ist im Krankenhaus der Mann der Arzt, die Frau muss die Krankenschwester sein. In der Kanzlei handelt es sich sicher bei dem Mann um den Rechtsanwalt, bei der Frau um seine Assistentin.

Diese Annahme wirkt sich für Frauen auch in Verhandlungskontexten aus, da der nach außen erkennbare soziale Status einer Person das Verhandlungsergebnis beeinflusst, das sie erreichen kann.

© Springer Fachmedien Wiesbaden GmbH, ein Teil von Springer Nature 2019 7
J. S. Habbe, *Frauen und Verhandlungserfolg*, essentials,
https://doi.org/10.1007/978-3-658-24407-1_3

Gegenstand der Forschung Eine jüngere Studie der Autoren *Amanatullah* und *Tinsley* der University of Texas und der Georgetown University untersuchte den kausalen Zusammenhang zwischen dem nach außen erkennbaren sozialen Status einer Person und ihrem Verhandlungserfolg (Amanatullah und Tinsley 2013). Dazu sollten Teilnehmer beiden Geschlechtes als Manager eines Hotels über eine kurzfristige Stornierungsanfrage entscheiden. Diese Anfrage war mit der Bitte verbunden, die bereits geleistete Anzahlung zurückzuerstatten. Allerdings hätte eine solche Erstattung gegen die Richtlinien des Hotels verstoßen. In der Studie wurde die entsprechende Anfrage sowohl von männlichen als auch weiblichen Eventmanagern vorgebracht, die einen hohen oder eher geringen sozialen Status innehatten. Dieser Status war den Hotelmanagern jeweils bekannt. Innerhalb der vier Gruppen hatten die Eventmanager die schlechtesten Aussichten auf eine Rückerstattung der Anzahlung entgegen der Hotelrichtlinien, die weiblich waren und aufgrund der Vorgaben der Studie einen niedrigen sozialen Status innehatten. Bessere Chancen hatten männliche Studienteilnehmer. Dabei waren ihre Aussichten auf eine Rückerstattung unabhängig von dem ihnen jeweils zugeordneten sozialen Status. Die besten Aussichten hatten Eventmanager, die weiblich waren und nach der Konzeption der Studie eine hohe Position bekleideten.

Nach dem Stand der Forschung wirkt es sich für Frauen also positiv auf ihr Verhandlungsergebnis aus, wenn sie beim Eintritt in eine Verhandlung ihrem Verhandlungspartner einen hohen sozialen Status signalisieren können.

Durch die Kommunikation von Auszeichnungen und Leistungen, die sie bereits erreicht haben, können Frauen in Verhandlungsszenarien nicht nur mit Männern „gleichziehen", sondern diese gleichsam „überholen" – ein Ergebnis, das zumindest auf den ersten Blick verblüffend erscheint. Unter Umständen lässt es sich aber gerade mit der eingangs genannten Annahme erklären, dass Frauen sich im Gegensatz zu Männern in einer gesellschaftlich betrachtet niedrigeren Position befinden. Wird diese Vermutung des Verhandlungspartners vor einer Verhandlung entkräftet, scheint dies „ungeahnte Kräfte freizusetzen" und die eingangs erwähnte *„Zone of Possible Agreement"* um weitere Einigungsoptionen zu erweitern. Ganz im Sinne des Harvard-Konzepts können so die beiderseitigen Interessen besser Berücksichtigung finden, wovon nicht nur die verhandelnde Frau selbst profitiert, sondern auch ein Mehrwert für den Verhandlungspartner, und damit eine Win-win-Situation, geschaffen werden kann.

▶   **Konkrete Handlungsempfehlungen** Seien Sie nicht zu zaghaft, eigene Errungenschaften und Leistungen nach außen zu kommunizieren, zum Beispiel durch Nennung von Titeln, Auszeichnungen, besonderen Qualifikationen oder der Assoziierung mit anderen „ranghohen" Kollegen.

Sogar subtilere Signale, wie maßgeschneiderte Kleidung und Körpersprache, können einen hohen Status signalisieren, der Ihrem Verhandlungspartner eine starke Ausgangsposition in der Verhandlung vermittelt. Gleichzeitig wird diese Ausgangsposition gleichsam „legitimiert", sodass Sie weniger die Befürchtung haben müssen, von Ihrem Gesprächspartner als zu fordernd wahrgenommen zu werden. Die Wahrscheinlichkeit, dass der sogenannte *Backlash-Effekt* eintritt, wird schon im Vorfeld der Verhandlung reduziert.

Aufgaben
- Machen Sie sich Ihre besonderen Fähigkeiten, Leistungen und Auszeichnungen bewusst, die Sie von anderen unterscheidet. Was können Sie besonders gut?
- Notieren Sie alles, was Sie bereits erreicht haben und das Sie stolz macht, auf einem Zettel. Sortieren Sie diese Errungenschaften danach, in welche Kontexte sie passen und Ihnen nutzen könnten.
- Fragen Sie Ihre Familie und Freunde, was Sie aus deren Sicht Besonderes geleistet haben. Vergleichen Sie diese Aussagen mit dem, was Ihnen selbst eingefallen war.
- Üben Sie, Ihre als jeweils passend eingestuften Errungenschaften in Verhandlungskontexten zu erwähnen. Nehmen Sie sich dazu eine konkrete Situation vor, in der Sie vor Beginn der Verhandlung Ihre Leistung dem Verhandlungspartner gegenüber erwähnen wollen. Tun Sie dies selbstbewusst und mit Stolz auf sich selbst!
- Geben Sie nicht auf, wenn es beim ersten Mal nicht klappt und Sie sich nicht trauen oder Ihnen zunächst unwohl dabei ist, über eigene Auszeichnungen zu sprechen. Beobachten Sie, wie Ihr männliches Gegenüber wie selbstverständlich deutlich macht, mit wem Sie es zu tun haben. Versuchen Sie aus dieser Beobachtung Selbstbewusstsein für den nächsten Versuch zu ziehen.

3.2   Stellen Sie sich vor, Sie würden für einen Dritten verhandeln

Fragen an die Leserin
- Sollte Ihnen aufgrund objektivierbarer Kriterien (Kompetenzen, Leistungen, Zugehörigkeit zum Unternehmen) mehr (höhere Position, andere Aufgaben, Gehalt) zustehen, als Ihnen aktuell zusteht?
- Haben Sie das jemals gegenüber der dafür zuständigen Person in Ihrem Unternehmen geäußert? Warum nicht?

- Was müsste sich verändern, damit Sie das gegenüber der dafür zuständigen Person in Ihrem Unternehmen äußern würden?
- Fällt es Ihnen leicht, die Interessen eines Dritten – beispielsweise einer Kollegin oder eines Familienmitglieds – zu vertreten? Warum fällt Ihnen dies leicht? Wie fühlen Sie sich dabei? Würden Sie im Vorfeld überlegen, ob ein Außenstehender Ihnen Recht geben und das Interesse des Dritten als berechtigt anerkennen würde?
- Inwiefern würden Sie die Situation anders empfinden, wenn es um Ihre eigenen Interessen ginge? Würden Sie dann im Vorfeld überlegen, ob ein Außenstehender Ihnen Recht geben und Ihr Interesse als berechtigt anerkennen würde?

Die Thematik Grundsätzlich sind Frauen vor Verhandlungssituationen hinsichtlich der Ziele, die sie sich stecken, genauso ehrgeizig wie Männer. Trotzdem neigen sie in der Verhandlung selbst dazu, zurückhaltender für ihre eigenen Ziele einzutreten als Männer, um keine negativen Gegenreaktionen zu erfahren, wenn sie etwas fordern, das dem gesellschaftlichen Rollenbild widersprechen könnte. Dieses weibliche Verhalten verändert sich indes, wenn Frauen nicht für sich sondern für einen Dritten etwas erreichen möchten. Um den Widerspruch zwischen gesellschaftlichem Rollenbild und der eigenen Position als zielstrebiger Verhandlerin aufzulösen, sollten Frauen daher in Verhandlungen bewusst ihre eigenen Interessen mit den Interessen Dritter, z. B. des Unternehmens oder der Familie, verbinden, etwa indem sie auf gemeinsame Ziele hinweisen.

Gegenstand der Forschung Frühere Forschung hatte bereits gezeigt, dass Frauen für einen Verstoß gegen gesellschaftliche Normen sanktioniert werden, wenn sie Gehaltsverhandlungen initiieren oder für ihre eigenen Interessen zu bestimmt eintreten. Die Autoren *Amanatullah* und *Morris* der University of Texas und der Columbia University wollten mit ihrer im Jahr 2010 durchgeführten Studie herausfinden, ob sich Frauen gerade aus Furcht vor solchen Sanktionen bewusst in Verhandlungen zurücknehmen und dadurch schlechtere Ergebnisse erzielen. Sie wollten zudem frühere Studien widerlegen, in denen die Theorie aufgestellt worden war, dass Frauen ohne besonderen Grund schlicht von ihrem Wesen her weniger kompetitiv seien (vgl. Amantullah und Morris 2010).

In dem Experiment führten Teilnehmer beiden Geschlechts ein Computer geführtes Job-Interview. Dabei wussten sie nicht, dass ein Computerprogramm den Counterpart simulierte. Ihnen wurde nach dem Zufallsprinzip aufgetragen, entweder für sich selbst oder als Vertreter des eigentlichen Bewerbers zu verhandeln. Nach Abgabe eines Ausgangsangebots des Computers standen den Teilnehmern verschiedene Antwortmöglichkeiten zur Auswahl. Sie konnten auch Gegenangebote unterbreiten.

Vor Beginn der Verhandlung beantworteten die Teilnehmer die Frage, welche Gehaltshöhe sie anstrebten, welches Ausgangsangebot sie machen wollten, wie hoch das Gehalt mindestens sein müsste, damit sie sich nicht für ein alternatives Job-Angebot entscheiden würden und bis zu welcher Höhe sie glaubten, ein Angebot abgeben zu können, ohne dafür negative Gegenreaktionen ihres Verhandlungspartners zu erfahren.

Im Ergebnis hatte es auf die Ausgangsvorstellungen und die Verhaltensweise während der Verhandlung der männlichen Teilnehmer keinen Einfluss, ob sie für sich oder andere verhandelten.

Die Ergebnisse von weiblichen Vertretern, das heißt Teilnehmerinnen, die nicht für sich selbst, sondern für einen Dritten verhandelt hatten, unterschieden sich nicht von denen der männlichen Teilnehmer. Teilnehmerinnen, die für sich selbst verhandelt hatten, machten hingegen schon ab der ersten Verhandlungsrunde aus Angst vor Gegenreaktionen große Zugeständnisse, indem sie um fast 20 % von ihrem vor der Verhandlung eigentlich angestrebten Gehalt abwichen.

Die Autoren der Studie erklärten sich diesen Effekt vor allem damit, dass Frauen, die sich eher fremd- als eigennützig verhalten, dem weiblichen Rollenbild ihres Gegenübers entsprechen. So wird Frauen mehr als Männern die Förderung von Harmonie in ihrem sozialen und beruflichen Umfeld zugeschrieben, indem sie ihr Verhalten zumindest auch an kollektiven Interessen orientieren.

▶   **Konkrete Handlungsempfehlungen** Verhandeln Sie in eigener Sache so, als würden Sie für einen Dritten verhandeln. Versetzen Sie sich dazu vor einer Verhandlung in eine fremde Person und überprüfen Sie, ob Ihre Interessen und Forderungen Ihnen „überzogen" vorkommen würden, wenn Sie von dieser fremden Person als deren Interessen geäußert würden. Stellen Sie sich dann in der konkreten Verhandlungssituation vor, Sie würden nicht für sich sondern für diese fremde Person verhandeln. Führen Sie also gedanklich die Verhandlung für eine dritte Person, setzen Sie konsequent deren Interessen durch!

Außerdem können Sie – soweit dies im konkreten Fall sinnvoll erscheint – bei Verhandlungen eigene Interessen mit den Interessen anderer verknüpfen und dadurch möglichen negativen Gegenreaktionen Ihres Verhandlungspartners vorbeugen. Dies können Sie etwa durch den Hinweis erreichen, dass Sie eine eigene Gehaltserhöhung auch im Interesse des Unternehmens anstreben, beispielsweise weil das Unternehmen durch Ihre mit der Gehaltserhöhung verbundene

Beförderung ebenfalls profitiert. Ein Vorteil des Unternehmens selbst mag in der internen und externen Wahrnehmung der Beförderungsentscheidung liegen (Stichwort: mehr Frauen in Führungsebenen); in Betracht kommt aber auch, dass sich Ihre Beförderung tatsächlich monetär für das Unternehmen lohnt, beispielsweise weil Sie in Ihrer neuen Position zu einem besseren Tarif gegenüber dem Kunden abrechenbar sind.

Aufgaben

- Machen Sie sich bewusst, inwiefern Ihnen aktuell weniger (niedrigere Position, andere Aufgaben, Gehalt) zusteht, als Ihnen aufgrund objektivierbarer Kriterien (Kompetenzen, Leistungen, Zugehörigkeit zum Unternehmen) zustehen sollte. Falls erforderlich, erfragen Sie hierzu die Einschätzung von Ihnen nahe stehenden Personen aus Ihrer Familie oder Ihrem Freundeskreis.
- Überlegen Sie, welche Person/en dafür zuständig wären, dies zu verändern.
- Nehmen Sie sich vor, mit der zuständigen Person hierüber zu sprechen. Überlegen Sie ganz konkret, wann ein solches Gespräch auf Ihre Initiative hin stattfinden könnte.
- Wenn Sie dabei das Gefühl empfinden, es sei „unerhört" oder „unpassend" ein solches Gespräch zu führen: Überlegen Sie, ob Sie ein solches Gespräch in jedem Fall führen würden, wenn es nicht um Ihre Interessen ginge, sondern die Interessen einer Kollegin/Freundin.
- Notieren Sie die Argumente, die Sie anbringen würden, wenn es um ein Gespräch für Ihre Kollegin/Freundin ginge. Formulieren Sie die Argumente dann so um, dass sie auf Sie und Ihre Situation passen.
- Erinnern Sie sich in der Gesprächssituation an diese Argumente. Verhandeln Sie für sich, als ob Sie für Ihre Kollegin/Freundin verhandeln würden.

3.3 Vermeiden Sie Wutausbrüche

Fragen an die Leserin

- Zeigen Sie sich in Ihrem Arbeitsumfeld gelegentlich verärgert bzw. aggressiv? Richten sich diese Emotionen dann direkt gegen andere Personen? Auf welcher Hierarchieebene befinden sich diese Personen?
- Was führt dazu, dass in Ihrem Arbeitsumfeld ein Wutausbruch in Ihnen ausgelöst wird? Handelt es sich dabei stets um einen konkreten Anlass im Job, auf den Sie reagieren, oder sind Sie manchmal auch einfach „schlecht drauf" und „machen sich Luft"?

- Falls es sich um einen konkreten Anlass handelt: Begründen Sie dann Ihre Emotionen, sodass Ihrem Umfeld klar wird, aus welchem Grund Sie Wut empfinden?
- Haben Sie gelegentlich aggressives Verhalten bei Kolleginnen beobachtet, das Sie „unpassend" fanden? Warum fanden Sie dies „unpassend"? Hätte sich an Ihrer Einschätzung etwas verändert, wenn ein Mann diese Emotionen gezeigt hätte?
- Zeigen Sie sich gelegentlich verärgert bzw. aggressiv, wenn Sie sich in einer beruflichen Verhandlungssituation befinden? Was führt dann dazu, dass ein Wutausbruch in Ihnen ausgelöst wird? Haben Sie in diesen Fällen jemals Ihr Verhandlungsziel erreicht? Inwiefern hätten sich die Verhandlungen anders entwickeln können, wenn Sie nicht emotional geworden wären?

Die Thematik In der Regel gelten Männer, die Emotionen, wie Wut oder Ärger, zeigen als stark und durchsetzungsfähig. Treten hingegen Frauen offen aggressiv auf, wird dies häufig mit emotionaler Instabilität und mangelnder Rationalität verbunden. In solchen Konstellationen erleiden Frauen einen Kompetenzverlust, der regelmäßig auch mit einer schlechteren Verhandlungsposition einhergeht. Sie wollen aber trotzdem wütend sein dürfen, wenn es die Situation erfordert? Kein Problem – wenn sich diese Wut auf objektive Umstände zurückführen lässt und Sie die Umstände auch tatsächlich Ihrem Umfeld erklären.

Gegenstand der Forschung Die Autoren *Brescoll* und *Uhlmann* von der Yale University und der Northwestern University versuchten in ihrer Studie mit drei Experimenten einen Zusammenhang zwischen Status, Geschlecht und der Wahrnehmung von ausgelebten Emotionen, wie Wut oder Ärger, herzustellen (vgl. Brescoll und Uhlmann 2008).

Im ersten Experiment sollten Teilnehmer beiden Geschlechts Status, angemessenes Gehalt und Kompetenz eines Bewerbers oder einer Bewerberin auf Grundlage eines über Video gezeigten Job-Interviews bewerten. In diesem Interview berichtete der/die Bewerber/in von dem Verlust eines wichtigen Kunden und welche Gefühle damit für ihn/sie einhergingen. Während ein Teil der Bewerber aussagte, traurig über den Verlust zu sein, sagte ein anderer Teil der Bewerber aus, wütend darüber zu sein. Die Wut zeigenden Männer schnitten hinsichtlich Status, Gehaltserwartung und Kompetenz deutlich besser ab als alle anderen Gruppen. Demgegenüber waren die Frauen, die Wut zeigten, durchweg am wenigsten erfolgreich. Dies lag vor allem daran, dass die Teilnehmer die Wut von Männern deutlich häufiger auf äußere – und damit objektiv nachvollziehbare

– Faktoren zurückführten als die Wut von Frauen. Hinter der Wut von Frauen wurden eher innere Umstände vermutet, wie das Unvermögen, Emotionen zu kontrollieren. Ihr Verhalten wurde auf eine inkompetente Persönlichkeit zurückgeführt, und die Frauen daher auch mit einem geringeren Status assoziiert.

Im zweiten Experiment wollten die Autoren herausfinden, ob die negative Wahrnehmung von Frauen, die Wut zeigen, primär auf ihr Geschlecht zurückzuführen oder – nach Einschätzung des Verhandlungspartners – eher nur einem höheren Sozialstatus „erlaubt" ist. In dem Job-Interview zeigten die weiblichen und männlichen Bewerber dafür zunächst Wut und sodann keine Emotionen. Zudem gaben sie ihren sozialen Status an, der vom Auszubildenden bis zur Führungsperson reichte. Im Ergebnis wirkte sich für die männlichen Bewerber der Einsatz von Emotionen nahezu nicht aus; entscheidend war vielmehr ihr sozialer Status. Den Bewerberinnen, die Ärger zeigten, wurde hingegen unabhängig von ihrem zuvor genannten niedrigen oder hohen Status, deutlich weniger Gehalt und Kompetenz zugesprochen als solchen, die keine Emotionen ausdrückten. Die negative Wahrnehmung von Wut zeigenden Frauen scheint danach nicht dem generell geringeren sozialen Status von Frauen, sondern tatsächlich ihrem Geschlecht als solchem geschuldet zu sein.

In ihrem dritten Experiment wollten *Brescoll* und *Uhlmann* herausfinden, ob Frauen den negativen Wirkungen, die durch ihre nach außen gezeigten Emotionen entstehen, entgehen können, indem sie die äußeren Umstände identifizieren, die zu der Verärgerung geführt haben. Hierfür nannten einige der Ärger zeigenden Bewerber äußere Faktoren, auf die sie ihre Emotionen zurückführten. Am besten unter den vier Gruppen schnitten hinsichtlich Status und Gehalt Männer ab, die Ärger zeigten, ohne die äußeren Faktoren dafür anzuführen. Am schlechtesten schnitten die Teilnehmerinnen ab, die Ärger zeigten, diesen aber nicht erklärten.

▶   **Konkrete Handlungsempfehlungen** Auch als Frau können Sie im Arbeitsalltag Ärger als effektives professionelles Werkzeug einsetzen. Um dabei aber keine nennenswerten Verluste ihres Ansehens in Kauf nehmen zu müssen, sollten Sie Ihren Ärger gegenüber ihrem Verhandlungspartner erklären und auf objektive äußere Faktoren zurückführen können.

Aufgaben

- Vermeiden Sie es, in Ihrem Arbeitsumfeld Ärger zu zeigen, den Sie nicht rational begründen können. Schreiben Sie sich hierzu Tätigkeiten auf, die Sie entspannen und die dazu führen, dass Sie an Tagen loslassen können, an denen Sie morgens „mit dem falschen Fuß aufgestanden" sind.

- Machen Sie sich bewusst, wenn einmal „einfach nicht Ihr Tag" ist. Überlegen Sie dann, welche der entspannenden Tätigkeiten Sie in Ihren Tag einbauen. Checken Sie mehrmals am Tag, ob Sie es bereits geschafft haben loszulassen.
- Überlegen Sie, ob Sie Aggression in Ihrem Arbeitsumfeld oder einer Verhandlungssituation gezielt einsetzen wollen. Falls ja, machen Sie sich im Vorfeld bewusst, dass auf Ihre Emotionen eine sachliche Erklärung hierfür folgen muss, d. h. dass Sie den Zeitpunkt nicht verpassen dürfen, wann Ihre Emotionalität einer rationalen Begründung weicht.
- Spielen Sie den bewussten Einsatz von Ärger in Ihrem Arbeitsumfeld oder einer Verhandlungssituation vorher einmal durch. Wie fühlen Sie sich, wenn Sie sich wütend zeigen? Was unterscheidet die Situation von einem Wutausbruch in einem privaten Kontext, den Sie nicht kontrollieren wollen? Wann muss die rationale Begründung für Ihre Emotionalität folgen? Können Sie leicht „umschalten"?
- Vergewissern Sie sich auch in der Situation selbst, dass Sie stets „Herrin Ihrer Emotionen" sind, also in der Lage, den Wutausbruch umgehend zu beenden und zu erklären, welcher konkrete Anlass zu Ihrem Ärger geführt hat.

3.4 Verhandeln Sie mit „weiblichem Charme"

Fragen an die Leserin

- Verhalten Sie sich gelegentlich so, dass Sie selbst sich als „charmant" bezeichnen würden oder von anderen so bezeichnet werden?
- In welchen Situationen verhalten Sie sich charmant und in welchen eher nicht? Woran dürfte das liegen?
- Wie fühlen Sie sich, wenn Sie sich charmant verhalten? Ist das ein Gefühl, das jederzeit reproduzierbar ist?
- Spielt bei dieser Verhaltensweise nur Ihr Auftreten oder auch die Verbindung eine Rolle, die Sie zu Ihrem Gegenüber aufbauen können?
- Hat diese charmante Verhaltensweise etwas „genuin Weibliches"? Wenn ja, versuchen Sie für sich genau zu beschreiben, warum Sie sich weiblich fühlen, wenn Sie charmant sind.
- Setzen Sie charmantes Verhalten bewusst ein, um Ihre Ziele zu erreichen? Welche Konstellationen fallen Ihnen in diesem Zusammenhang ein?

Die Thematik Für eine effektive Verhandlungsweise reicht Durchsetzungsfähigkeit allein nicht aus. Das gilt insbesondere für Frauen. Aber auch ein rein freundliches Auftreten, mit dem Frauen dem weiblichen Rollenbild entsprechen würden, führt meist nicht zu dem gewünschten Verhandlungserfolg. Als Ausweg aus diesem Dilemma sollten Frauen sich so geben, dass ihr Verhalten sowohl im Einklang mit der Vorstellung von weiblichem Verhalten steht als auch von ihrem Verhandlungspartner als Eintreten in eigener Sache erkannt werden kann. Die Autoren der nächsten Studie haben hierfür den Einsatz von weiblichem Charme als erfolgsversprechend identifiziert.

Gegenstand der Forschung Bei der Studie, die nun vorgestellt werden soll, handelt es sich um eine Untersuchung von *Kray, Locke* und *Van Zant* der University of California, Berkeley, und der London School of Economics and Political Science aus dem Jahr 2012 (vgl. Kray et al. 2012). Darin sind die Autoren der Frage nachgegangen, ob der Einsatz weiblichen Charmes („flirtatiousness") Frauen in Verhandlungssituationen nutzt. Der Untersuchungsgegenstand basiert auf der Annahme, dass sich Frauen in Verhandlungssituationen regelmäßig in einem unauflösbaren Zielkonflikt befinden. Auf der einen Seite sollen sie freundlich und nett auftreten, um nicht bestehenden weiblichen Rollenbildern zu wider zu handeln und die Zurückweisung ihres Verhandlungspartners zu riskieren (sogenannter *Backlash-Effekt Abschn. 3.2*). Auf der anderen Seite wird ein freundliches Auftreten mit mangelndem Durchsetzungsvermögen in eigener Sache assoziiert und wirkt sich regelmäßig nachteilig auf das Verhandlungsergebnis von Frauen aus. Als Ausweg aus diesem Dilemma – so die These der Studie – sollten Frauen in Verhandlungssituationen weiblichen Charme mit Freundlichkeit kombinieren. Denn im Gegensatz zu ausschließlich freundlichem Verhalten signalisiere ein weiblich charmantes Auftreten, dass die Verhandlungsführerin nicht nur die Interessen anderer, sondern auch zielstrebig ihre eigenen Interessen verfolge.

Der Studienaufbau sah vor, dass die Teilnehmer eine Kaufpreisverhandlung simulierten. Die Teilnehmerinnen übernahmen die Rolle der Käuferin, den männlichen Teilnehmern war die Rolle des Verkäufers zugewiesen. Ein Teil der Teilnehmerinnen sollte animierten Körpereinsatz verwenden, verstärkten Augenkontakt suchen und ihrem Partner Komplimente machen. Der andere Teil der Teilnehmerinnen und die männlichen Teilnehmer sollten sich neutral verhalten.

Die Studie kam zu dem Ergebnis, dass die Teilnehmerinnen schlechter abschnitten, die primär als freundlich – das heißt fremdinteressiert – anstelle von weiblich charmant – das heißt auch eigeninteressiert – wahrgenommen wurden. Je stärker aus Sicht des männlichen Verhandlungspartners die Freundlichkeit seiner

Verhandlungspartnerin den weiblichen Charme überwog, desto schlechtere Verhandlungsergebnisse erzielte sie und umgekehrt. Damit korrelierend fühlten sich die männlichen Teilnehmer von Charme einsetzenden Teilnehmerinnen besser verstanden und unbewusst „wohler" während der Verhandlung. Das schmeichelnde Verhalten wirkte so in gewisser Weise entwaffnend. Allerdings nahmen die männlichen Teilnehmer ihre weiblichen Verhandlungspartnerinnen in den meisten Verhandlungssituationen, die im Rahmen der Studie nachgestellt wurden, als ausschließlich freundlich wahr. Überwiegend erkannten die männlichen Teilnehmer nicht, dass ihre Verhandlungspartnerinnen nach eigener Wahrnehmung mit weiblichem Charme verhandelt hatten. Gleichzeitig warnen die Autoren vor einem zu offensiven bzw. aufdringlichen Verhalten. Ziel ist es also auch – durch Übung – für sich die richtige Balance zwischen übertriebener Schmeichelei und reiner Nettigkeit zu finden.

Aufgrund des Studienaufbaus blieb offen, ob die These der Autoren auch in Verhandlungen von Frauen mit Frauen gleichermaßen Geltung beanspruchen kann. Das mag in Abhängigkeit davon zu bejahen sein, was unter der Emotion „weiblicher Charme" zu verstehen ist. Sieht man den Schwerpunkt der Emotion bei dem „Flirt-Element" im klassischen Sinne, ist „weiblicher Charme" wohl eine Verbindung, die sich unter gleichen Geschlechtern bei vielen Menschen eher nicht herstellen lässt. Definiert man „weiblichen Charme" hingegen als gewisse Intensität und Verbindlichkeit, lässt sich diese sicherlich auch unter Frauen aufbauen. Entscheidend für den erfolgreichen Einsatz einer weiblich-charmanten Verhandlungsweise dürfte meines Erachtens auch in Bezug auf einen weiblichen Gegenpart sein, ob eine Frau es schafft, eine Verbindung zu ihrem Verhandlungspartner herzustellen, die intensiver als eine eher oberflächliche Freundlichkeit wahrgenommen wird und die eine gewisse Selbstsicherheit ausstrahlt.

In beiden Konstellationen signalisiert die erfolgreich aufgebaute Verbindlichkeit letztlich ein besseres Verständnis für die Interessen des Gegenübers, wodurch wiederum die Gefahr, in ein Feilschen um bloße Positionen zu verfallen, verringert wird.

> ▶ **Konkrete Handlungsempfehlungen** Setzen Sie in Verhandlungssituationen weiblichen Charme ein, um Ihr Ergebnis positiv zu beeinflussen. Das Eigeninteresse signalisierende, d. h. Selbstbewusstsein ausstrahlende Verhalten muss dabei jedoch das freundliche Verhalten in der Wahrnehmung des Verhandlungspartners überwiegen.

Aufgaben

- Überlegen Sie, wie Sie sich verhalten, dass Sie selbst sich als „charmant"
  bezeichnen würden. Denken Sie dabei daran, dass Ihr Verhalten insbesondere Selbstbewusstsein ausstrahlen, aber nicht überheblich, sondern
  gleichzeitig freundlich wirken sollte.
- Stellen Sie sich eine Alltagssituation vor, in der Sie charmant verhandeln.
  Differenzieren Sie zwischen Verhandlungen mit einem männlichen und
  einem weiblichen Gegenüber. Wie fühlen Sie sich jeweils dabei?
- Setzen Sie Ihren „weiblichen Charme" dann in einer konkreten Verhandlungssituation im Alltag ein. Seien Sie zum Beispiel charmant, wenn
  es darum geht, einen neuen Vertrag im Fitnessstudio auszuhandeln oder Sie
  sich ein neues Auto kaufen.
- Versuchen Sie schließlich ein Verhalten, das sowohl Eigen- als auch
  Fremdinteressen signalisiert, auch im beruflichen Kontext einzusetzen.
  Denken Sie dabei insbesondere daran, dass es darum geht, eine besondere
  Verbindung zu Ihrem Gegenüber aufzubauen.

3.5   Knüpfen Sie an ein bereits erlebtes Machtgefühl an

Fragen an die Leserin

- Sind Sie vor einer Verhandlungssituation gelegentlich aufgeregt und nervös?
  Woran liegt das?
- Falls Ihnen der Grund hierfür nicht einfällt: Könnte es zumindest auch
  daran liegen, dass Sie sich in der Verhandlungssituation wenig zutrauen,
  jedenfalls weniger als Ihrem Verhandlungspartner?
- Verändert sich diese Einschätzung in Abhängigkeit davon, ob Sie mit einer
  Frau oder einem Mann verhandeln? Verändert sich diese Einschätzung in
  Abhängigkeit vom Verhandlungsgegenstand?
- Fällt Ihnen eine Situation ein, in der Sie sich besonders selbstbewusst, ja
  fast schon „mächtig", gefühlt haben – so als ob Sie alles schafften, was Sie
  gerne wollten, und anderen Personen gegenüber „mächtig" wären?

Die Thematik In der Regel gehen Männer selbstbewusster in Verhandlungen als
Frauen, die innerlich eher Zweifel am Wert ihrer selbst und an ihrer Berechtigung
hegen, ihre Interessen zielstrebig zu verfolgen. Diese psychische Barriere, die
Frauen in der konkreten Situation daran hindern mag, erfolgreich zu sein, lässt
sich durch eine Suggestion im Vorfeld der Verhandlung abbauen. Mithilfe dieser
Suggestion manipulieren Frauen das Gefühl für ihren eigenen Wert bereits vor
Verhandlungsbeginn positiv.

Gegenstand der Forschung Die letzte Studie, die ich Ihnen vorstellen möchte, wurde im Jahr 2013 von der Tilburg Universität durchgeführt und befasst sich mit der Bedeutung und möglichen „Aufwertung" des eigenen Selbstwertgefühls der verhandelnden Person. Die Autoren der Studie haben die Wirkung untersucht, die sich durch die Erinnerung der Person, die verhandelt, an ein in der Vergangenheit bereits erlebtes Gefühl von Selbstbewusstsein und „Macht" erzielen lässt („Prime yourself to be powerful") (vgl. Hong 2013). Konkret ging die Studie der Frage nach, ob Personen beiden Geschlechts erfolgreicher verhandeln, wenn sie sich unmittelbar vor der Verhandlung eine Situation in Erinnerung rufen, in der sie sich selbstbewusst, ja fast schon „mächtig", gefühlt hatten. Dazu sollte ein Teil der Studienteilnehmer aufschreiben, wie sie gewöhnlich ihre Abende gestalten. Der andere Teil der Studienteilnehmer sollte eine Situation darstellen, in der sie sich selbstbewusst und „mächtig" gefühlt hatten. Daran schlossen sich fiktive Verhandlungen über den Kaufpreis eines Hauses an. Die Studienteilnehmer übernahmen dabei jeweils die Rolle des Käufers, während der Autor den Verkäufer spielte.

Eine Auswertung der Ausgangsangebote und der Verhandlungsergebnisse ließ erkennen, dass die vorgegebene Suggestion sich für die männlichen Studienteilnehmer weder positiv noch negativ auswirkte. Die weiblichen Studienteilnehmer, die an eine Machtsituation angeknüpft hatten, verhandelten genauso erfolgreich wie ihre männlichen Studienteilnehmer. Hingegen gaben die weiblichen Studienteilnehmer, die ihre gewöhnliche Abendgestaltung beschrieben hatten, durchschnittlich schlechtere Ausgangsangebote ab und erzielten schlechtere Verhandlungsergebnisse als die männlichen Teilnehmer und die weiblichen Teilnehmer, die ihr Selbstwertgefühl im Vorfeld suggestiv erhöht hatten.

▶   **Konkrete Handlungsempfehlungen** Versetzen Sie sich im Vorfeld einer Verhandlung in eine Situation, in der Sie sich nach der eigenen Wahrnehmung selbstbewusst und „mächtig" gefühlt haben.

Das gezielte Ausräumen von Selbstzweifeln vor Verhandlungen kommt für Sie insbesondere in Betracht, wenn Sie dazu neigen, Auseinandersetzungen eher im Sinne eines Beziehungskonflikts als im Sinne eines Sachkonflikts zu sehen. Denn in einem solchen Fall stehen Sie und die Person Ihres Verhandlungspartners – und nicht der Verhandlungsgegenstand – im Mittelpunkt der Verhandlung. Die nach Ihrer Wahrnehmung unterschiedlichen Wertigkeiten der beteiligten Personen können Sie dann beim Erreichen Ihres Verhandlungsziels einschränken.

Aufgaben

- Überlegen Sie eine Situation, in der Sie sich besonders selbstbewusst, ja fast schon „mächtig", gefühlt haben – so als ob Sie alles schafften, was Sie gerne wollten. Schreiben Sie diese Situation nieder. Beschreiben Sie dabei insbesondere, wie Sie sich gefühlt haben.

- Falls Ihnen eine solche Situation nicht einfällt: Überlegen Sie, wie eine solche Situation aussehen könnte. Schreiben Sie diese Situation nieder. Legen Sie dabei ein besonderes Augenmerk auf die Beschreibung, wie Sie sich fühlen.

- Schließen Sie die Augen und versuchen Sie, die beschriebene Situation (noch einmal) zu durchleben. Was empfinden Sie? Wie fühlt es sich an, wenn Sie derart selbstbewusst sind? Inwiefern fühlen Sie sich anders, als Sie sich gefühlt haben, bevor Sie sich die Situation vorgestellt haben?

- Reproduzieren Sie das Gefühl von Selbstbewusstsein, das Sie durch die Beschreibung der von Ihnen gewählten Situation geschaffen haben, im Vorfeld einer Verhandlung. Rufen Sie sich dazu die Situation unmittelbar vor der Verhandlung noch einmal in Erinnerung. Bleiben Sie dabei nicht auf einer rationalen Ebene stehen, d. h. erinnern Sie sich nicht nur daran, sondern versuchen Sie, in Ihrer Vorstellung die Situation real zu erleben und nachzuempfinden. Inwiefern verändert sich Ihr Verhalten in der Verhandlung? Erreichen Sie die Ziele, die Sie sich im Vorfeld gesteckt haben?

Was Sie aus diesem *essential* mitnehmen können

- Zeigen Sie in Verhandlungssituationen gegenüber Ihrem Verhandlungspartner Ihren sozialen Status.
- Stellen Sie sich während einer Verhandlung vor, Sie würden nicht für sich, sondern für einen Dritten verhandeln.
- Vermeiden Sie Wutausbrüche gegenüber Ihrem Verhandlungspartner, die Sie nicht auf äußere Umstände zurückführen können.
- Verhandeln Sie mit „weiblichem Charme", seien Sie nicht nur freundlich und nett.
- Knüpfen Sie vor einer Verhandlung an ein bereits erlebtes Machtgefühl an, das sich positiv auf Ihr Selbstbewusstsein auswirkt.

© Springer Fachmedien Wiesbaden GmbH, ein Teil von Springer Nature 2019   21
J. S. Habbe, *Frauen und Verhandlungserfolg,* essentials,
https://doi.org/10.1007/978-3-658-24407-1

Literatur

Amantullah, Emily T., und Michael W. Morris. 2010. Negotiating gender roles: Gender differences in assertive negotiating are mediated by women's fear of backlash and attenuated when negotiating on behalf of others. *Journal of Personality and Social Psychology* 58 (2): 256–267.

Amanatullah, Emily T., und Catherine H. Tinsley. 2013. Ask and ye shall receive? How gender and status moderate negotiation success. *Negotiation and Conflict Management Research* 6 (4): 253–272.

Anderson, Cameron, und Francis Flynn. 2003. Heidi Roizen: Networking is more than collecting lots of names. Insights by stanford business. https://www.gsb.stanford.edu/insights/heidi-roizen-networking-more-collecting-lots-names. Zugegriffen: 10. Sept. 2018.

Brescoll, Victoria L., und Eric Luis Uhlmann. 2008. Can an angry woman get ahead? Status conferral, gender, and expression of emotion in the workplace. *Psychological Science* 19 (3): 268–275.

Fisher, Roger, und William Ury. 2011. *Getting to yes: Negotiating agreement without giving in*. New York: Penguin Books.

Gallagher, Kaitlyn R. 2018. Gender role congruity in negotiation: The impact of task framing and communication mode. College of Science and Health Theses and Dissertations 264. http://via.library.depaul.edu/csh_etd/264.

Hong, Alain P. C. I. 2013. Women in negotiation – effects of gender and power on negotiation behaviour. http://arno.uvt.nl/show.cgi?fid=115580. Zugegriffen: 10. Sept. 2018.

Jung, Stefanie, und Peter Krebs. 2016. *Die Vertragsverhandlung*. Wiesbaden: Springer Gabler.

Kray, Laura J., Connson C. Locke, und Alex B. Van Zant. 2012. Feminine charm: An experimental analysis of its costs and benefits. *Negotiations, Personality and Social Psychology Bulletin* 38 (10): 1343–1357.

Kupfer Schneider, Andrea. 2017. Negotiating while female. *SMU Law Review* 70: 695–719.

Riley Bowles, Hannah, Linda Babcock, und Lei Lai. 2007. Social incentives for gender differences in the propensity to initiate negotiations: Sometimes it does hurt to ask. *Organizational Behavior and Human Decision Processes* 2007: 84–103.

© Springer Fachmedien Wiesbaden GmbH, ein Teil von Springer Nature 2019   23
J. S. Habbe, *Frauen und Verhandlungserfolg,* essentials,
https://doi.org/10.1007/978-3-658-24407-1

Links zum Weiterlesen

Research News der Haas School of Business der University of California, Berkeley: http://newsroom.haas.berkeley.edu/category/research-news/.
Website des Programms für Verhandlungen an der Harvard Law School: https://www.pon.harvard.edu/.
Website der Stanford Business School: https://www.gsb.stanford.edu/.
Website der Yale School of Management: https://som.yale.edu/faculty-research-centers.